Mi vida con
Diabetes

escrito por **Mari Schuh** • arte por **Ana Sebastián**

AMICUS ILLUSTRATED
es una publicación de Amicus
P.O. Box 227, Mankato, MN 56002
www.amicuspublishing.us

Rebecca Glaser, editora
Kathleen Petelinsek, diseñadora de la serie
Lori Bye, diseñadora de libra

Library of Congress Cataloging-in-Publication Data
Names: Schuh, Mari C., 1975- author. | Sebastián, Ana, illustrator.
Title: Mi vida con diabetes / by Mari Schuh ; illustrated by Ana Sebastián.
Other titles: My life with diabetes. Spanish
Description: Mankato, Minnesota : Amicus Learning, an imprint of Amicus, [2024] | Series: Mi vida con… |
Translation of: My life with diabetes. | Includes bibliographical references and index. | Audience: Ages 6–9 |
Audience: Grades 2–3 | Summary: "Meet Tiana! She likes gymnastics, cooking, and drawing. She also has diabetes.
Tiana is real and so are her experiences. Learn about her life in this Spanish translation of
My Life with Diabetes for elementary students"—Provided by publisher.
Identifiers: LCCN 2022051803 (print) | LCCN 2022051804 (ebook) | ISBN 9781645496045 (library binding) | ISBN
9781681529226 (paperback) | ISBN 9781645496342 (ebook)
Subjects: LCSH: Diabetes—Juvenile literature.
Classification: LCC RJ420.D5 S3618 2024 (print) | LCC RJ420.D5 (ebook) |
DDC 618.3/646—dc23/eng/20221114

Impreso en China

A Tiana y su familia—MS

Acerca de la autora
El amor que Mari Schuh siente por la lectura comenzó con las cajas de cereales, en la mesa de la cocina. Hoy en día, es autora de cientos de libros de no ficción para lectores principiantes. Con cada libro, Mari espera ayudar a los niños a aprender un poco más sobre el mundo que los rodea. Obtén más información sobre ella en marischuh.com.

Acerca de la ilustradora
Ana Sebastián es una ilustradora que vive en España. Estudió Bellas Artes en la Universidad de Zaragoza y en la Université Michel de Montaigne, en Burdeos. Se especializó en ilustración digital y completó su educación con una maestría en ilustración digital para arte conceptual y desarrollo visual.

¡Hola! Soy Tiana. Me encanta jugar en el parque. En casa, me gusta dibujar, cocinar y ver videos. Además, tengo diabetes. Déjame contarte sobre mi vida.

Las personas con diabetes tienen demasiada glucosa en su sangre. La glucosa es un tipo de azúcar. Las células la usan para obtener energía. Una hormona llamada insulina transporta la glucosa a las células del cuerpo. Cuando las personas no tienen suficiente insulina, aumenta su nivel de azúcar en sangre. Esto puede hacer que una persona se enferme.

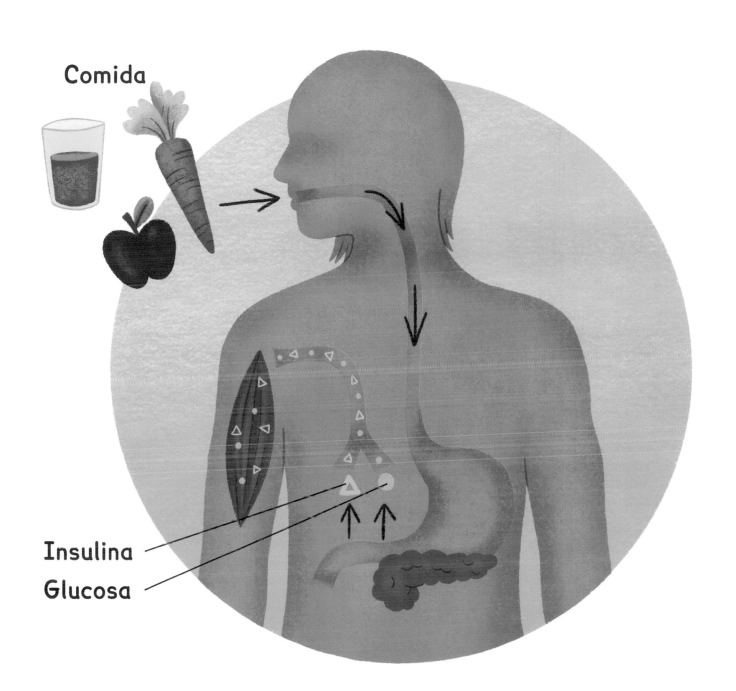

Comida

Insulina

Glucosa

Tengo diabetes tipo 1. Los niños con diabetes a menudo tienen el tipo 1. Esto significa que mi cuerpo no genera suficiente insulina. Necesito recibir dosis de insulina todos los días. Tengo un dispositivo que bombea insulina a mi cuerpo. Otras personas reciben inyecciones.

Mi bisabuela tiene diabetes tipo 2. Este tipo es más común en los adultos. Su cuerpo produce la insulina. Pero no puede usarla correctamente. Ella toma medicamentos que la ayudan.

Un día, cuando tenía tres años, estaba muy cansada. Tenía sed. Iba mucho al baño. Mi mamá me llevó al hospital. Fue cuando descubrí que tenía diabetes.

Necesito verificar mi nivel de azúcar en mi sangre varias veces al día. Aprendí a hacerlo cuando tenía tres años. Ahora que soy mayor, es más fácil para hacerlo. Uso un medidor de glucosa en la sangre. Me indica si mi nivel de azúcar en la sangre es demasiado alto o demasiado bajo.

Una pequeña bomba en la cintura me administra insulina todo el día. Tiene un tubo que se me inserta debajo de mi piel. Algunas personas la miran. No pasa nada. Les explico cómo me ayuda.

La comida, el ejercicio y la insulina afectan mis niveles de azúcar en sangre. Intento mantener estos tres elementos en equilibrio. Antes de jugar, como un bocadillo saludable. Esto impide que mi nivel de azúcar en sangre sea demasiado bajo. Cuando es bajo, me siento débil. Me duele la cabeza.

Presto atención a lo que como, y la cantidad. Leo las etiquetas de los alimentos todo el tiempo. Puedo comer algunos dulces y carbohidratos. Pero el exceso aumenta demasiado mi nivel de azúcar en sangre. Por eso recibo más insulina para reducir mi nivel de azúcar en sangre.

Tener diabetes puede ser difícil. No puedo ir a las excursiones escolares a menos que venga un adulto conmigo. Algunas personas piensan que pueden contagiarse la diabetes de mí. Les digo que la diabetes no es contagiosa.

En las comidas, la gente comienza a comer de inmediato. Pero yo tengo que esperar para comer. Primero, necesito verificar mi nivel de azúcar en sangre.

La diabetes es solo una parte de quien soy. Me gusta hacer gimnasia. También me gusta dibujar.

En la escuela, me gusta aprender sobre ciencia. Puedo hacer la mayoría de las cosas sin que la diabetes me lo impida. Presto atención a cómo me siento. Me aseguro de cuidarme bien.

En el verano, voy al campamento para niños con diabetes. Allí conozco a niños que tienen diabetes como yo. Me comprenden. Saben cómo me siento.

Tener diabetes me ha ayudado a ser responsable. Yo como la comida saludable. Recuerdo verificar mis niveles de azúcar en sangre.

Mi mamá me cuenta sobre personas famosas que tienen diabetes. No les impidió alcanzar sus metas. ¡Tampoco me detiene a mí! Cuando crezca, quiero ser chef. Quiero preparar comidas saludables para las personas con diabetes.

Esta es Tiana

¡Hola! Soy Tiana. Vivo en Carolina del Norte con mi familia. Mis pasatiempos incluyen cantar, cocinar y nadar. También es divertido jugar juegos en la computadora. Me encanta bailar con mis amigos. Inventamos nuevos pasos de baile. En la escuela, me gusta explorar nuevas ideas en la clase de ciencia. Arte también es una de mis clases favoritas. Me gusta dibujar personas y hadas.

Respeto por las personas con diabetes

Las personas con diabetes con frecuencia deben usar bombas, inyecciones y medicamentos. No las hostigues ni te burles de ellas. Trátalas como te gustaría que te trataran.

Las personas con diabetes necesitan controlar sus niveles de azúcar en sangre. No las apures. Sé paciente y amable.

Si una persona con diabetes no puede comer lo que tú quiere compartir, no la obligues a comerlo. Él o ella debe manteners saludable y seguro.

Las personas con diabetes pueden necesitar comer un bocadillo antes de hacer una actividad. Asegúrate de ser paciente y comprensivo.

Los niños con diabetes son como los demás niños. Quiere jugar y divertirse. Invítalos a jugar contigo.

Una persona con diabetes podría sentirse diferente. Sé u buen amigo para él o ella.

Términos útiles

carbohidrato Un nutriente que se encuentra en comidas como el pan, los cereales, el arroz y las patatas.

dosis Una cantidad medida de medicamento que se debe tomar en una vez.

glucosa Un tipo de azúcar en la sangre de una persona que el cuerpo usa para obtener energía.

hormona Un químico que produce una glándula en el cuerpo, y que afecta la forma en que crece y se desarrolla una persona.

insulina Una hormona que ayuda al cuerpo a usar el azúcar para obtener energía. La insulina controla la cantidad de azúcar en la sangre de una persona.

nivel de azúcar en sangre La cantidad de glucosa en la sangre de una persona.

responsable Capaz de cumplir las promesas, seguir las reglas y hacer lo que dices que harás.